익숙한 것을 새롭게 보는 방식

김인숙 시집

문학의전당 시인선
367

익숙한 것을 새롭게 보는 방식

김인숙 시집

문학의전당

시인의 말

칠 년 만에 시집을 묶는다.
시집을 내는 의미를 찾지 못하여 지체된 시간이 너무 길다.

묶는 것은 매듭짓는 일이다.
매듭짓는 것은 떼어내어 작별하는 일이다.
의미는 그것으로 충분하다.

읽히지 않을 것을 안다.
그러나 작별해야만 앞으로 나갈 수 있다는 것 또한 안다.

2023년 9월
김인숙

차례　　　　　　　　　시인의 말

제1부

집에 간다　13
랜선 하이파이브　16
우비　18
풀잎의 집　20
끝　22
월대　24
지상의 연주 1　26
저무는 설렘　28
꽃은 까무러쳤다가 핀다 2　30
비추(悲秋)　32
겨울새를 들이다　34
바람의 계절　36
마성(魔聲)　37
흡반　40
익숙한 것을 새롭게 보는 방식 1　42
익숙한 것을 새롭게 보는 방식 2　44

제2부

참빗질   47
모시   48
소리나무   49
새물내   50
따뜻한 침묵   51
홑마음   52
물내   53
꽃과 봄의 사이   54
봄결   55
새싹   56
물감   57
풀   58
떠도는 섬   59
환한 어둠   60

제3부

물살, 화살, 햇살 1　63
물살, 화살, 햇살 2　64
황홀한 둘레　66
팽이의 기울기　68
지금은 창문을 열어야 할 시간　70
흔들림 소론(小論)　72
바람과 강과 새　74
비를 대하는 방식　76
나무의 중심은　78
나무는 나무의 몸을 모르고　80
모서리에 기댄 사람들　82
초록의 음계　84
물웅덩이　86
기억을 걷다　88
클라우드　90

제4부

룰루　93

등꽃　94

봄눈　95

다시 봄　96

출렁거리는 절벽　97

격자무늬 창　98

굳은살을 깎으면　99

저기 어디쯤　100

어머니의 집　101

아버지의 토성　102

방석 세탁　104

익숙한 풍경　106

문이 열리다　108

용의 알　110

방석　112

해설 | 발랄한 상상력과 첨예한 감성　113
　　　| 이태수(시인)

제1부

집에 간다

붉은 캥거루가 집에 간다
사막의 끝에서 날이 저물면 집도 집에 간다

집이 있어 집에 가고 집에 든 채 집에 가고 집이 없어도 집에 간다

집에는 엄마가 있고 엄마 속에 집이 있고 없는 집에도 엄마는 있다

나무는 선 자리에서 잠이 드는 노숙이여서
바람을 덮으며 등을 붙이면 눕는 자리마다 집이다

붉은 캥거루 새끼는
앞발로 안고 뒷발로 뛰는 엄마의 품에서 엄마의 엄마가 있는 집에 간다

엄마도 나도
집은 비를 맞아도 집이다

비가 새도 집이다

엄마가 없어도 엄마는 있다 갈 데가 없어도 갈 데가 있다

사막에 널린 게 집이지만
성장이 멈추지 않는 붉은 캥거루는
사막 끝에 있는 자기 집으로만 간다

추위에 얼어붙은
붉은 몸이 들 수 있는 집
든든한 꼬리가 받쳐 주는 집

엄마는 아무리 멀어도 엄마여서
때가 되면 바람도 집에 가고 안개도 집에 간다

   세상 모든 것이 집에서 나와 집에 간다 날이 저물면 껑충껑충 뛰어서 가는

붉은 캥거루의 집에는
붉은 캥거루의
붉은 엄마가 있다

랜선 하이파이브*

하이~
까치집 같은 한동네에서 두 사람이 손바닥을 마주칠 때

당신은 양각 나는 음각 두 개의 도장이 다가와 서로에게 서로를 찍으면 맞춤같이 찰진 소리가 났지

착, 맞아떨어지던 한때의 따뜻함

하이~
이 나무 저 나무 우듬지의 서로 다른 까치집으로 멀어져서 이제 우리는 손바닥을 부딪는 흉내만 낸다

소리는 없고 동작만 있는 무성영화처럼

두 개의 발굽에 허공을 끼워 출렁출렁 줄을 타는 광대는 숲의 끝에서 오는 바람의 몸짓으로 흔들린다

바람은 먼 곳의 따뜻한 아랫목을 실어 오지 못하지

부딪칠 수 없어 체온이 사라진
수족냉증을 앓는 자의 조상은 파충류였을 것이다

어둠의 몸이 가장 두터워지는 동트기 전의 쟁반형 안테나는 은밀한 전파를 우주로 쏘고 가는 전파와 오는 전파가 부딪쳐 비밀의 문이 열리면 무한궤도는 모천으로 회귀하는데

교도소 접견실처럼 투명한 칸막이가
손바닥으로 오가던 속 깊은 따뜻함을 얼음인 양 가로막고 있다

착, 도장 찍는 소리가 사라졌다

원시 지구에 두고 온 찰진 체온의 기억이 허공에 홀로그램으로 뜬다

―――――――
* LAN線 High Five : 온라인상으로 두 사람이 손을 들어 올려 손바닥을 마주치는 일.

우비*

1.
네 척의 배가 심해의 검색창 속으로 들어갔다 배보다 더 큰 몸으로 앞서거니 뒤서거니 장기조업을 하던 선원들의 출항이 사라졌다 기항지에 갇힌 그들은 사료를 먹으며 비만이 되어갔고 노동이 사라진 자리에 꽃무늬 마블링이 들어섰다 희미해지는 배의 기억 망망대해를 뚜벅뚜벅 걸어가던 네 척 배의 성스러운 노동 이야기가 아득한 전설로 사라지던 날 만선으로 귀항하던 먼바다의 푸른 파도가 꿈속에서 넘실거렸다 바다를 쓰다듬으며 해류 속의 고기를 낚아 올리던 배 궁핍과 고난과 헌신을 실었던 배 네 척의 배가 침몰한 바다에 커다란 바퀴의 트랙터가 소의 등허리 같은 밭이랑을 돋우고 있다

2.
맨발로 언덕을 올라간 그분이 있어
상한 발아래 무릎을 꿇습니다
당신의 맨발이 버텨야 할 내일이 몸보다 무거워
굽이 자라지 않는 발을 씻기며
지난 연안을 닦아냅니다

3.
멀리 가는 길
상하기 전의 성한 발에
오늘은
두 켤레의 짚신을 감발하듯 신깁니다

＊우비(牛屝): 소에게 일을 시킬 때 신기는 짚신.

풀잎의 집

옮겨 다니는 자는 집을 짓는다
사람도 새도 집을 짓고
하루가 끝나면 거기로 돌아가 쉰다
너구리나 두더지처럼 동굴을 파서 잠자는 동물도 있다
물고기는 한적한 수초나 물때 낀 돌 틈에
하루를 쉴 거처를 정한다
그러나 풀잎은
스스로의 몸을 다른 이의 집으로 내어 주면서도
정작 자신의 집을 짓지는 못한다
풀벌레의 집은 있는데 풀잎의 집은 없다
서서 일하고 서서 쉬는
풀잎은 참, 서럽다
바람에 시달리고 가뭄에 목마를 때
피해 가거나 찾아갈 방도가 없고
시든 노구를 누일 집이 없다
하늘 아래 바람 부는 대로
구름이 흐르는 대로
그저 선 채로 죽어갈 수밖에 없는 것이다

가난에 붙들려 발 묶인 이들은
풀잎의 신세다
잠시의 숙소조차 없는
선 자리에서 마른 몸이 무너져야 하는
풀잎은 집이 없다
서로가 서로에게 기대는
노숙보다 헐벗은
집 없는 집이 풀잎의 집이다

끝

사철 푸른 생명이 충일하던 소나무의 생애
그 장엄한 종지부가 그루터기이다
삭으면서 무너지는 지점에서
조금씩 가루가 되는 몸의 껍질을 벗으며
하얗게 키가 낮아지는 그루터기를
사람들은 끝이라 부른다
높고 꼿꼿하게 하늘을 찌르는 기상에서 빠져나와
어둠 깊은 곳으로 내려가 숨 쉬고 있는 솔의 후생,
허공에서 뿌리 끝으로 달려가던 생명이
문득 멈추어 공처럼 부풀며 융합하는 것이 복령이다
신묘한 우주의 기운을 땅속에서 덩어리로 키우는
끝은 끝나도 끝나지 않은 거룩한 목숨이다
누가 와서 창질을 한다
오래된 통증을 찌르는 침술사의 대침처럼
촘촘하고 다정하게 창질을 한다
오소소 땅은 전율하고
깜깜하게 숨어 있던 복령은 간절한 개목(開目)을 기다린다
제발 찔러 주기를 감히 몸 비틀며 염원한다

고이 영근 한 뜻

거두어 주기를 과분하게 바라며

살아 있는 자는 누구든 마침내 끝이 된다

솔뿌리에 엉긴 뿌리, 구름처럼 내려서 피운 버섯

나를 찔러 주기를

나를 거두어 주기를

우리는 모두 빛 속으로 나가 빛이 되기를 소망한다

월대

웃고 있다

처마 밑을 기웃거리지 않고 공중에 둥글게 앉아 빙긋이 웃는 천년의 나라 세상에서 가장 큰 웃음을 맞으려면 월대로 나와야 한다

부연(婦椽) 높은 그늘에서 나와 치마폭을 둥글게 펼치면 큰 웃음이 풍덩 내려와 안길 수도 있다

생명의 점지는 삼신할매의 품 넓은 손길에서 문득 이루어진다

누구라도 처음엔 둥근 웃음에서 왔기에 월대에 나오는 어린 여자아이를 달이라고 부른다

밤 깊은 지점에선 달도 깊다
담 너머 꽃 피는 들판이 어스름 밝다
어룽지는 어스름이 밤새도록 어루만지는 등 따습다

아직 떠나지 않은 사람의 어깨선이 달처럼 둥글다

대 위에서 구르는 둥근 이마
우주의 거울은 깊다

지상의 연주 1

살아 있는 생명은 지상에서 연주된다

바람의 손바닥이 타닥타닥 두드리는
파도는 속 깊은 바다의 타악기이다
이슬처럼 손 흔들며 떠나가는 윤슬의 맥놀이는
돌아오지 못할 산맥을 넘는 물의
다비식,
석존의 미소처럼 다가오는 햇살은
나뭇잎 건반을 두드리는 어깨가 새하얀
젊은 피아니스트의 부드러운 손가락이다
밤의 굵은 빗줄기를 가르는 자동차의 전조등은
휘모리 거문고를 뜨겁게 뜯는
홍조 띤 조선 여인의 눈부신 얼굴이다
눈 내린 벌판을 깨우는 바람의 손길은
겨울의 아카펠라,
축복과 사랑이 오르내리는 성당의 계단 옆
아름다운 하강의 묵음을 구불구불 뿌리는
천사의 나팔은 유독성을 가진 꽃관악기이다

찰찰찰, 아가의 오줌 소리처럼
경쾌한 시냇물이
늘어진 버들잎에 부딪는
탬버린, 탬버린
영원한 생명의 스타카토는 맑고 경건하다

사시사철 지상의 연주는 모두가 생생하게 살아 있다

저무는 설렘

꽃이라고 다 꽃이 아니다
고향집 우물가 휘도록 붉게 피던 봉숭아꽃
굵은 마디마디 출렁이며 하얀 손바닥 내밀던 분꽃
그 후 어디서도 보지 못했다
감나무 깊은 그늘 아래 똬리 틀고 앉은
섬뜩 징그럽던 얼룩무늬 먹구렁이
검은 그 그늘 다시는 만나지 못했다
강심에는 날마다 소용돌이가 일었고
떠나지 않고 그 자리에서만 맴도는 물살은
쉼 없이 설레고 있었다
가마소에는
머리 푼 처녀 귀신이 밤마다 나온다고 했다
밤하늘 맑은 달빛이 쏟아지던 마을
다 삭은 초가지붕 위의 박꽃
산정의 호수 같은 미소
다시는 만나지 못했다
사랑이라고 다 사랑이 아니다
어느 곳이든 머무는 것만이 설레는 것이다

흘러간 물은 소용돌이치지 않는다
설렘도 저무는 것이다
가슴을 쥐어뜯는 바깥이 없는
무너짐이 없는 어둠의 진입로는 사막이다

꽃은 까무러쳤다가 핀다 2

진한 향기로 핀 포도꽃은 지고 포도주는 놀란 핏빛이었다

현기증이 다가오자 검은날개물잠자리가 떠올랐다

사막에서 익사한 북극여우는 동경의 황홀한 울타리를 넘었을 것이다

화병은 설원에서 도굴된 것이 분명하다

블랙홀로 빠져든 몸은 깜깜한 기억의 수평선으로 사라지고

하늘과 땅을 버티고 선 어머니,

모성은 샘에서 솟았으므로 끝없는 헌신이며 분출이다

필름이 끊길 때마다, 자작자작 나는 십 년씩 젊어졌다

좁고 어두운 통로는 아득하여

간절한 눈물,

꽃이 하얗게 웃는 이유가 거기에 있다

어머니는 죽지 않았고

날마다 꽃은 까무러쳤다가 핀다

벌써, 미래에 도착했다고 기별이 온다

비추(悲秋)

바람이 분다
나무가 흔들린다
다 떠나고 혼자 남은 가지 끝 나뭇잎이
허공을 붙들고 떤다
미간을 찌푸린 채 단풍나무 아래로 내려앉은 하늘
빗방울 떨어지고
낮아지는 숲의
성긴 옷자락 아래로 소슬바람이 흐른다
한기는 왜 또 몸 깊이 스며드는지
흔들리는 까치집 아래 놓아둔
베이비 박스 바깥 어린 생명은 죽어가고
바람 자락 사이로 흐르는 휘파람 소리가 차다
우산을 받치고 가는 길 끝의 사람이여
푸른 날개 펄럭이며 예까지 왔는데
어쩌다 이렇게 멀리 왔는데
안개에 젖은 낙엽의 길목을 당신은 홀로 돌아서 간다
몇 장면의 연극이 끝나 버린 후
마지막 조명마저 꺼져가는 무대는

절망의 동굴처럼 밤의 어둠 속에 묻힐 것이다
까치집이 흔들리고 나무가 흔들리고
빗방울 날리며 바람이 분다
투명한 비닐우산 아래
굽 높이 세우고 걸어가는 젖은 물새의 머리 꽁지에
차가워진 빗방울이 쓸쓸하게 매달려 있다
빗방울에 어른거리는 맑은 돋을새김의
구겨진 나무가 온몸으로 젖고 있다

겨울새를 들이다

깃털이 빠진 재두루미가 떨고 있었습니다
얼어붙은 강 얼음을 쪼는
황록색 부리가 부러질 것 같은데
웅크린 등을 밟고 가는 바람은 사나웠습니다
떠나온 우수리 계곡이 가물거리고
마른 나뭇가지 같은 정강이가 무너졌습니다
살아 있는 생명의 심장은 펄펄 끓는다는데
대주를 기다리는 아랫목 무명 이불 아래
놋쇠 밥그릇은 손을 델 만큼 뜨겁다는데
식어가는 심장으로는 언 발을 녹일 수 없어
눈 덮인 논바닥에 쓰러진
겨울새의 목덜미는 창백했습니다
죽어가는 생명의 순결한 보호색이 가슴에 밟혀
허허벌판 벽 얇은 집 안에 들였습니다
상한 나그네새의 쇠잔한 기력을 돋울 수 있는
중간 기착지로서는
먹이도 온기도 턱없이 부족했지만
바깥보다는 나을 것이기에

들이지 않을 수가 없었습니다
숭숭한 바람구멍을 막고 문풍지를 붙이면서
고개 돌려 잠깐 생각했습니다
헐벗은 나의 생이 끝나갈 때쯤
하얀 자작나무 숲도 저렇게 내 영혼을 거두어 줄는지
남루한 목덜미를 쓰다듬어 주겠는지
중얼중얼 혼잣말로 물었습니다

바람의 계절

　가늠하는 것은 쉽지 않았다 어디선가 시작된 것은 분명한데 정체불명이다 속도와 색깔, 습도와 온도만 맞이한다 때깔좋은 당신은 펄럭이고 메마른 나는 나부낀다 더운 바람이 아니라 축축한 뿌리가 아버지의 잇몸을 흔든다 넘어지지 않으려 다리에 힘을 주는 집, 물들지 않으려 움츠러드는 입술, 데이거나 얼지 않으려 주머니에 챙겨 넣는 손, 생존은 회피이다 나뭇가지를 빠져나가는 달은 둥근 어깨 속에 목을 숨기는 자라의 지혜를 가졌다 어지러움을 이기는 대견한 중심이여 기우뚱거리며 바람 위에 올라타는 종이비행기여 어디선가 잠든 바람의 소식을 들었는가 길은 어느 곳에도 없고 모든 곳에 있다는 말, 바람 속에 바람이 있고 바람 밖에 바람이 있다는 말, 어디쯤 와 있던가 사방 세상에는 바람의 계절이 숨어 있다는 걸 당신은 아는가

마성(魔聲)

 같이 가자, 같이 가자, 손잡고 벼랑에서 뛰어내리자

 오래된 보증서와 낡은 라벨이 붙은 올드 바이올린에서 맑고 가는 애기 소리가 흘러나왔다, 독에 갇혀 말간 물이 된 어린 남자아이의 긴 신음 소리 같았다, 뒷배가 불룩한 몸통 속에서 가물가물 흘러나오는 마른 손가락과 긴 팔의 색감 감치는 소리

 물의 입자를 가진 세상의 소리들은 가문비나무로 흘러 올랐다
 가파른 등고선을 넘는 물의 행군에는 자주 낙오자가 나오지만
 고난을 이겨낸 소수의 맑고 낮은 소리들은 고산지의 체관부에 당도하여 삭풍을 몰아쉬었다
 소리의 모천인 거기서 발가락을 꼼지락거리며
 바위 속으로 뿌리를 벋는 가문비나무는 사막을 걷는 수도사의 형상을 하고 있었다

검은 옷을 입은 자들이 모여 사는 숲은 지상에서 가장 높은 수도원이어서
 소리의 입자들은 바람의 수도원에서 맨 처음 태어났다는 창조설 앞에서
 연주자들은 옷깃을 여미며 경건해진다

 눈물을 조율하여 시냇물 소리를 낸다는 하얀 곱슬머리 연주자를 안다
 거룩한 제의에는 맨 처음의 검은 빛 울림을 바쳤다는 제사장을 안다

 살아서 오백 년 죽어서 천 년을 부딪쳐야 소리가 트인다는 가문비나무에서 나와
 죽음으로 인도하는 부드럽고 우아한 유혹의 소리를
 밤을 새워 다듬던 중세의 장인

 소리의 씨앗은 탄생과 죽음의 배아를 품고 있다고, 수도사는 검은 옷 아래 남몰래 거두어 숨겨서 갔다, 와서 부딪치는

소리는 나이가 들어갈수록 마력이 더 커지는 것이어서, 충만하는 소리는 날개가 돋아야 어둠의 양력이 생기는 것이어서, 마법의 줄에 매여 울타리를 넘은 연주자의 목에는 붉은 스카프가 매여 있었다

   나뭇결을 휘어잡은 수질선이 음질을 닦는다
   귀가 트이듯 소리도 트여야 길이 열리는 것이어서
   음향판은 수명이 끝날 때까지 소리를 다듬는다

   가문비나무의 낮은 속삭임은 수명이 끝나기 직전에 내는 딱 한 번의 소리여서
   부드럽고 따뜻하고 색감 감치는 물살 같은 노래여서
   천 년에 한 번씩 애기 소리를 내는
   올드 바이올린이 그를 굽이굽이 벼랑 끝으로 데리고 간다

흡반

검고 둥근 입으로 빨아들이는 맹수의 생존전략을 본다
숨 가쁘게 붙들린 눈은 곤하다

지하철 역사 출입 계단으로 흡수되는 사람들
저 깊은 하늘을 뒤로하고 일정한 방향으로
쏟아져 들어가는 지난밤의 의혹들
갇혔다가 풀려나는 시간을 어디선가 재고 있다

항아리에 밀폐된 시간은 발효가 되지만
효모가 없는 지하의 공기는 독가스를 품고

댐에서 낙하하는 물의 분신, 입자들
큰 입을 벌리고 드러누운 워터 쿠션의 빨판
바로 밑에 입이 있다, 깜깜한데

24시간 편의점의 LED 등이 눈부시다

불빛에 눈이 먼 어수룩한 염소가 댐을 들이받는다

밤새도록 뿔이 무너지고 하얀 등골이 적출될 것인데
아래에 있는 홀은 거짓이다, 속임수다
부정으로 긍정을 붙든다

거대한 흡충은 거센 입김으로 빨아들이면서 생존하고
흡반이 없는 편의점 점주의 하루는 깜부기불이다

블랙홀을 거느린 문어발은 미끄럽고 질기다
빠져나올 수 없다

익숙한 것을 새롭게 보는 방식 1

 산책길의 팔거천 3호선 무인 전동차는 공중을 달린다 객차 3량으로 이어진 차체의 외벽엔 전국 취업률 1위의 지방대학 카피가 올라타고 있다 가랑이에 모노레일을 끼고 하늘을 나는 선로가 꼭 휘영청 은하철도 같다 대학 이름도 선명하게 시선 속으로 들어온다 정말일까 취업률 1위는 어쩌다 지방 도시에 둥지를 틀었을까 신통 신기한 한 달이 지나고 두 달이 지났다 열차는 이제 오지 않는다 달리던 지방대의 카피가 보이지 않는다 무료한 산책은 따분하다 무심한 3호선 아래를 무심하게 걷는다 기다려지는 것이 없다 살필 것이 없다 전철 소리는 들리지 않고 카피가 더 이상 돌아오지 않는다 대학은 사람을 잃고 나는 처음을 잃었다

 역방향으로 걷는다 고개를 숙이면 달라진 팔거천 진동도 없는 해저터널 아래로 3호선 전동차가 둔각의 그림자를 끌고 달려온다 빨랫줄 같은 모노레일에 매달린 차체의 근육질 외벽엔 색색의 물고기들이 헤엄을 친다 돌고래와 식인 백상아리도 있다 남편이 보낸 카톡에 창유리의 반짝이는 잔영이 묻어 있다 아들이 연상의 여자를 데리고 집으로 오고 있다 아

들의 여자는 바가지형이고 남편의 서류 가방엔 개펄의 나선형 진흙이 들어 있다 궁금하다 갑자기 바빠지는 시간 콩나물을 무치고 애호박을 썬다 배달된 바닷가재의 심장에 숨 가쁜 퀵 서비스의 숨결이 섞여 있다 그들에게 건네야 할 말이 선명하게 보인다 문득 나는 싱싱한 처음으로 돌아왔다 새 눈 뜨고 있다

익숙한 것을 새롭게 보는 방식 2

오래 보아 무덤덤해질 때가 있다
관계가 그렇다

언제나 그 자리에 있어
모를 때가 있다
사람이 그렇다

있는 게 없는 게 아닌데
생각하지 않는다고 잊는 게 아닌데
불안해질 때가 있다

눈으로만 보니 그렇다
저 깊은 아래 우물물을 퍼 올리듯
마음을 끌어 올려 읽어보자
새롭게

제2부

참빗질

무연한 눈길로
건너다보는 일이 아니다
호호 입김으로 녹이는 것도
귀 깊이 빠지는 것도
부드럽게 쓰다듬는 것도 아니다
악세게 훑어 내려
한 방향으로만 가지런히
줄 세우며
고개 드는 것은 솎아내는 일,
어느 날의 외눈박이 망령이 돌아와
좍좍 마당을 쓸고 있는
저, 혹독한 일사불란

모시

젖어서는 안 되지
슬픔에 빠지거나 우수에 무너져서는 안 되지
바람을 가르며 들판을 건너가는
진솔옷 하얀 칼날은 숨구멍이 있지
소통이란 결기를 꼬장꼬장 세워야 통하는 길
훨훨 나르며 반만년을 지켜온 할아버지의
젖지 않아 꼿꼿한 자존심
푸르다 못해 기어코 창백한 안색,
하늘이란 바로 그런 거지

소리나무

 그늘 깊어 새를 들인 나무는 새소리에 젖는다, 숲의 배꼽마당에 새벽마다 빗물처럼 고이는 새소리, 푸른 물이 든 새소리는 나이테 파문 사이로 스며들어 켜켜한 목질 속에 자신의 무덤을 만든다, 굳어야 울림이 되는 소리, 하늘 아래 숨을 쉬며 하늘빛이 된 소리는 죽고 깎여서 마침내 악기가 된다, 떨림이 길고 맑은 소리나무의 품에 깃들어 나무가 된 새들이 후대에 자신을 남기는 방법, 편년체의 악보는 가장 푸른 나뭇잎으로 그린다, 통 통 통, 장구통이 되는 오동나무에 아침마다 새들이 모여든다, 안개를 헤치고 나무베개를 든 무령왕비가 긴 잠에서 깨어나 왕릉 밖으로 걸어 나온다

새물내

물고기들은
내와 강이 만나는 곳으로 모여들었다
숨길이 열리고 먹이 길이 열리는 그곳에는
세월이 지나면서 시장과 광장이 열렸다
치어는 민첩한 물살을 만들며
윤슬 같은 비늘을 반짝이는데
늙은 물고기들은 지친 몸을 이끌고
거기까지 와서 숨을 거두었다
새물내를 맡으며
세상이 열리는 곳에서
생의 마지막 먼 길이 꽃잎처럼 닫히곤 했다

따뜻한 침묵

덩그렇게 올라앉은 본존불이 말없이 미소 짓는다
침묵으로 불타는
태양의 멀고 먼 거리는 불길이다
세상을 환하게 밝히며 웃고 있는
꽃들은 말하지 않지만
조용하게 주변을 덥힌다
아버지가 누워 있는 겨울 봉분에서는
김이 올라 눈이 녹고 있다
이 산 저 산이 마주 앉아 제자리를 지키는
세상의
침묵이 따뜻하다

홑마음

겹치지 않은 외길이어서 가볍다
홀로여서 무겁지 않다
멀리 갈 수 있어,
돌아보지 않아도 되어 외롭다
꽃이라면
하르르
바람에 날리는 얇은 꽃잎이다

물내

나무는 뿌리로 냄새를 맡는다
뿌리를 뻗어
가지를 올리고 잎을 단다
푸른 피를 찾아 발가락을 꼼지락거리는
나무의 낮은 코가 찾아가는
생명의 아득한 근원,
잠들면서도 손 더듬는
젖내 같은 물내

꽃과 봄의 사이

첩첩한
그리움은 꽃으로 피고
눈부셔
너에게로 건너가는
마음을 본다
관심,
끈끈한 접착력의 오래된
이름을 본다
봄이 있는 한, 꽃은 져도
그리움으로 남는다
눈물도 피어나면 꽃이 된다

봄결

생명은 위로 오르는 물의 춤
물올라 파랗게 손 내미는 낌새
거친 껍질이 부드러워지고
연한 새살이 돋아나오는 것
낮은 강은 천년을 흐르고
들판 가득
잠결 같은 숨결이 잦아들며 차오르는
나른한 설렘의 살결,
가려워, 참을 수 없는 피부소양증의
봄결에 목련 타악, 탁 터진다

새싹

봄,
바람

맞서는 것이 아니라
맞이하는 것이다, 상생은

움,
돋아나는 계절은 강하다

바람을 잘 타야 멀리 갈 수 있다

새싹은 가렵다

물감

한꺼번에 쏟아 버리면 너무 진하다
스미듯이 젖듯이
조금씩 달아올라야 홍조가 된다
세상에서 가장 부드러운 손길은
없는 듯이 있는 너의 숨결이다
저린 빛깔의
꽃이 피는 이치가 그렇다

풀

푸르다
넘어져도 일어선다
죽어도 살아 있다

물살에도 뿌리내려
우주를 버티는
가장 낮은 힘이다

떠도는 섬

강산이 몇 번이나 변해야
머무는 것이 떠도는 것임을 알게 될까
마디마디 꽃을 다는 마당의 분꽃 뿌리는
이미 동쪽으로 방향을 틀었다
강아지의 목줄이 저녁마다 팽팽해졌다
요란한 어둠이 마당의 적막을 가로지르는
밤을 열며
들판 멀리 들어서는 새벽,
속 깊이 들어앉은
섬 같은 마음이 천년을 표류하는데
저무는 왕조의 발치에서
강산이 몇 번이나 더 변해야
떠도는 섬이 되돌아올지를 가늠하고 있었다
머물면서 흐르는 우리들의 섬

환한 어둠

어둠도 눈에 익으면 어둠이 아니다
가난도 품에 들이면 가난이 아니듯
외로움도 익숙해지면 허전하지 않다
새벽은 밤의 끝에 있으니
세상 어느 것도 막혀 있지 않다
길 따라
눈물 맺히는 아름다운 순간의
저, 환한 어둠

제3부

물살, 화살, 햇살 1

흐른다

날아간다

쏟아진다

참 가지런하다

물살, 화살, 햇살 2

큰물이 나면 퇴강리*에 나가 물 구경을 하였다, 삼강을 지나 출렁출렁 달려온 낙동 황토 강물과 속리산과 새재의 깊은 계곡을 밟아 곱게 흘러온 영강 푸른 강물이 만나 차마 수줍어 몸 섞지 못하고 나란히 흐르다가, 마침내 두리둥실 엉킨 한 몸이 되어 가쁜 숨을 감당하지 못하자, 한 바퀴 뒹굴어 뒤로 물러서는 큰 강 물살을 보았다

초등학교 운동회, 백 미터 달리기 경주에서 넘어질 듯 넘어질 듯 꼴찌를 달리던 큰 아이가 불현듯 되돌아 달려서 일등으로 출발선에 들어왔다. 그러나 아이는 끝내 유치원으로 되돌아가지 못하고 대학을 나와 군대를 갔다.

고운체에서 떨어져 내리는 찹쌀가루 같은 햇살이 눈발인 양 하늘에서 쏟아진다. 나뭇가지와 솔잎에 부딪쳐 바로 닿지 못하는 그늘에는 녹아서 스며든다, 따뜻한 섭리를 펴시는 하느님이 눈부신 이유이다.

나는 이제

여기서 저기로 내달아, 돌아오지 않는 바람의 일생을 '살'이라고 부른다.

---

*낙동강 700리가 실질적으로 시작되는 경북 상주시 사벌면 퇴강리. 예천군 삼강을 지나온 낙동강과 속리산에서 발원하여 문경을 거쳐 온 영강이 이곳에서 만나 합류하여 부산을 향해서 흐른다.

황홀한 둘레

노란 스포트라이트가

아이를 끌고 운동장 가운데로 나온다

긴 쇠꼬챙이 채로 굴렁쇠를 굴리며 아이가 달려가고 있다

차르르, 밤의 개막식

쇠꼬챙이 끝에서 불꽃이 인다

굴렁쇠가 구르고 아이가 달리고 스포트라이트가 미끄러지고

운동장이 우주정거장처럼 칙칙폭폭 돌고

손뼉을 치는 관객이 빙글빙글 소용돌이친다

손에 손을 잡고 원을 그리며 춤추는 강강술래

둘레는 어지러운 것이 아니라

그날 밤, 황홀했다

팽이의 기울기

팽이가 돈다

운동은 회전이고
살아서 도는 것은 기울기를 가졌음을 안다

경사면의 저쪽은 미끄러지고
이쪽은 급전직하, 떨어지기 쉬운 형국의 허공

머리 위의 몽고반점이 원을 그리며 돈다
태양이 움직인 거리가 붉은 반나절이다

파스텔톤의 안개를 허리에 두른
산복도로
골목길 담벼락 안의 혼곤한 가세가 아직
수면 중이다

기울기가 누우면 떠날 때가 된 것이다

미끄러지거나 떨어질, 생, 명, 하나
팽이 위에서 서쪽을 향해 누워 있다
한때 푸르던 크레용 부스러기 따라 눕는다

지구가 돈다

지금은 창문을 열어야 할 시간

창문을 연다
비가 좀 뿌리면 어때
닦으면 되는 것을
커튼이 젖거나
거실의 카펫이 젖으면 어떤가
때가 되면 다 마르는 것을
지금은 창문을 열어야 할 시간
겨울을 걷어낸 대지가 창 앞에 서성이고 있다
작은 싹들의 함성이 창을 두드리고 있다
봄비 순한 몸짓들이
간절한 글씨를 지상의 바탕체로 쓰고 있는데
어찌 외면할 수 있는가
연녹색 사랑이 창틀에 앉아 있다
잠시 내 곁에 쉬고 있는 경전의 말씀
오래전 새처럼
먼 하늘로 날아가기 전에
활짝 창문을 열고
지금은 당신을 맞아야 한다

깊은 숨 몰아쉬며

훅,

새날을 내 안에 들여야 한다

흔들림 소론(小論)

높이 오를수록 바람은 강하다

산 사람은
잠을 잘 때도 꿈을 꾸며
살아 있음을 확인한다

흔들려야 다잡는,
그래서 하나가 되는
아, 아버지의 집
집 속의 출렁이는 나뭇잎

펄럭펄럭 바람을 한 몸 머금고도
집게를 물고 있는 빨래,
흔들린다고 무너지는 것이 아니다

날고 있는 새는 추락하지 않는다
바람이 일고
대밭이 술렁이기 시작하는 밤,

어금니는 흔들리면서도 잇몸을 물고 있다

뿌리는 흔들림 아래에 있으니
뜻은
흔들린다고 부러지는 것이 아니다

바람과 강과 새

새는 죽어서 바람이 되고 싶었다
강물은 새가 되어 날고 싶었다

틀에 찍힌 다식처럼
형식의 집을 비우고 상속받은 집이
간절한 자유였을까

자유의 모습은 허공

바람은 바람의 길이 있고
강물도 새도 그들의 길이 있다

살아서도 죽어서도 그리운 흐름이여

흐름에 부딪는 흐름이 억압이고
저항이다
사람들이 촛불을 밝히고 침묵하는 밤
바람과 강과 새는

부딪치면서 흐름의 속도를 가속한다

방향과 방향의 충돌 근처에서
부서지는 우리들의 행선지,
찬란한 그리움의 가루가 비산한다

비를 대하는 방식

소리에 묻혀 잠든 적이 있다
막 돋아나는 감잎에 부딪다가
흙마당에 떨어지는 봄비 여린
소리에 젖어
꿈 깊이 빠진 때가 있다

들판을 비질하는 소나기를 피해
토란 잎 아래 개구리 두 마리가
눈 껌벅이며 엎드려 있다
밖으로 나간 다리 위로 흙탕물
빗발치는 빗방울들

비를 업어 키운 하늘이 비에 업혀
저무는 저녁
어머니의 딸인 나는 다시
딸의 어미가 되어 있다

먼 날, 젖어서 아늑하고

요란해서 아득한 어느 길목
비 오면 일어서는 나무들
그리움이 흐르는 축축한 혈관이
꽈리처럼 부푼다

나무의 중심은

치렁치렁한 머리카락 한껏 늘어뜨린
수양버들
무엇으로 허공을 지탱하는가

수천 손바닥에
햇볕을 담고
바람의 연주에 춤을 추는
버들잎

다독이고 어루만지듯
뿌리는 말없이
땅을 품어 나무를 떠받친다

많은 비로 뿌리가 뽑힌 바오바브나무를 보았다
악마가 뽑아서 거꾸로 심었다는
덩치 큰 물구나무로 서서
땅속 가지와
하늘을 향한 뿌리가 허공을 받치고 선

바오바브나무는
더 이상 품을 땅이 없어
조금씩 썩거나 말라 가겠지

중심이 무너지면 세상이 무너지는데
나무의 중심은 허공이 아니지
파고드는 어미 품에 중심은 숨어 있지

나무는 나무의 몸을 모르고

나는 너의 생각을 모르고
너는 나의 마음을 모르고

직지사 산책길을
느릿하게 걷는다

대웅전은 아직 멀었는데
벌써,
목탁 소리 들린다

나무를 나무라는 나무의 소린가 해서
하늘을 올려다봐도
나무는 나무의 몸을 모르고
어디서 나는 소린지 알 수가 없고

딱따구리 한 마리
나무의 옆구리를 콕콕 쪼아대다가
득도라도 한 듯 훌쩍, 하늘로 날아오른다

그제사

나무는 뚫린 옆구리를 열고

집 한 채를 내어놓는다

모서리에 기댄 사람들

소중한 것은 보이지 않는다
흐르면서 반짝이는
마음

앓고 있는 사람이 있다
참 많다

정신과 의사가
정신병을 앓고 있는 지금
미래는 보이지 않는 터널 속이다

앞 사람의 등만, 발꿈치만 보고 걸어가던 이
튀어나온 돌에 걸려 넘어지자
일어설 줄을 모른다

넘어진 김에 쉬어 가야 하는가
뻘밭처럼

누워도 서도

오직

새로운 길만 있을 뿐이다

초록의 음계

저기 초록 뱀이 간다

몸이 붓이라
쓱
초록 위에 초록을 그린다
글이 글을 숨기는 시의
보호색이다

소리가 나오지 않아
혀만 내두르며
기어가는 말,
움직이는 소리다

서로 마음을 맞추면
같아서 편안한 문장의
자연의 몸짓이 평안이다
어머니라는 이름의 우주다

초록이 숙성되어
갈색으로 저무는 가을
갈색 청개구리가 뛴다

물웅덩이

전설 속의 사람은
술잔 속의 달을 마시고
시선이 되었다는데

달은
까만 속에서 노란 등불을 밝혀
혜안을 주었다는데

밝은 대낮
길을 가다 작은 웅덩이에
발이 빠진 적 있다

세상은 환하지만
흙과 같은 물,
물과 같은 흙이다

나는 맹인이다

눈앞이 보이지 않는다
웅덩이를 파 놓은
사람의 꾐에 넘어가고 싶은

나는 나를 믿었다

까마득
세상이 빠진다
달이 없다

기억을 걷다

추석날 폰으로 날아온
20년 전의 가족사진
어리고, 젊고, 살아 있다

지난 것은
구름 위에 얹혀 있었을까
의미에도 주인이 있는 법

여기로 왔다가
거기로 가는 연기 같은 기억이
구천을 걷고 있다

가끔씩 옛 사진으로만 읽히는
얼굴,
그 속의 생각,
액자 밖의 표정들

우리는 모두

무엇을 남기고 떠나야 하는가

바위에 새기고
메모리에 저장하고

당신은 지금
무엇을 지르려 하는가
작정 없이 사라지는 기억 위에서

클라우드

허공에 떠 있는 선반이나 시렁은
고양이의 범접이 허용되지 않는 성지이다
거기 구름 위에
올려두는 사람과 내려 쓰는 사람이 있다
손닿는 거리까지 따라온 구름은 무너진 성지,
동화의 세속화이다
편리한 기구는 모두 세속의 아들이다
익숙하지 않은 타관에 와서
구름 속의 손수건을 꺼낸다
와르르 쏟아지며 빠르게 궤도를 도는 주판알들,
인공지능은 열이 나도 열 받지 않는다
떠다닌다고 모두 자유는 아니어서
구름과 구름은 충돌하지 않고
섞여도 흩어져도 유유자적, 뿌리 없이 떠돈다
만든 손과 꺼내 쓰는 손은 이슬땀을 닦는데
좌절하고 분노하는
여리고 약한 사람이 역사를 끌고 간다
힘겨워서 위대하다

제4부

룰루

먼 별에서 온 룰루
당신의 손을 잡고 냇물을 건넜어요
반짝이는 주단 위의
징검돌은 음표처럼 상쾌했어요
어둠을 쓰담쓰담 밀어내는
숲속 햇살 줄기
우리의 손끝에서 일던 바람의 빛깔은
분홍이었나요,
그때 나는
수생식물처럼 작은 꽃으로 피고 싶었어요

그런데 오늘은 당신이 없어요
숨어 버린 허공의
변덕쟁이 룰루라 부를 거예요
심심한
나는 지금 진짜 삐쳤거든요

등꽃

허공의 색을 전신으로 들인
당신은
보아라, 보아라 하며
실한 등꽃으로 내걸려
구불구불한 오월 한낮을 지키고
눈이 부신 나는
푸른 당신의 말씀에 취해
오후 내내
아찔한 현기증을 앓았습니다
허기진 보랏빛을 보았습니다

봄눈

떠나도 아직
다 떠나지 않은 당신
마음이 있음을 알겠습니다

나뭇가지에 투명하게
얼어붙은 차고 맑은 눈망울,
당신의 지난 정원은 반짝였지요

저만치 가면서 돌아보는
분분한 당신 눈길
나의 빈 들판 가득 흩날립니다

다시 봄

다시,

날개는 땅 위의 발소리가 아니어서
하늘을 날 수 있고
지느러미는 두려움의 단위가 아니어서
바다를 건널 수 있고

보리누름에 혼자 냉골에 누웠다
아팠다
날개도 지느러미도 없어
많이 아팠다

마음엔 마음이 약이다

겨우내 잿빛이던 산벚나무도
여린 눈, 뜬다

봄

출렁거리는 절벽

이 높은 산에서 나는 아찔하고
저리 낮은 강에서 당신은 아득하다
세상의 절벽은 출렁거리며 우리를 추락시킨다
아찔한 그늘과 아득한 눈부심이
유년의 어느 날에도 있었다
거기서 출발하면
어머니의 기도가 시작된 시점을 유추할 수 있다
새가 날면
하늘이 멀고 푸른 이치를 알 수 있다
꽃들이 만개한 정원에서
아득하게, 아찔하게 출렁거리는
당신의 중년이 지금쯤 저물고 있다

격자무늬 창

칸칸이
들앉은 생각

한순간도 놓치지 않고
따닥따닥 정돈된
하루의 창

지나온
사랑, 추억, 질투, 분노
사람, 사람, 사람 한 칸

저쪽과 이쪽의 사이
통하지 않고 들앉은
내 집

견고한
나의 격자무늬 보관함

굳은살을 깎으면

너무 꽉 쥐어
살이 없어졌다
대신 못 하나 박혔다

아프다고 소리치는데도
듣지 않고
잡고 또 잡았다

보드라운 살을 비집고
불쑥 화풀이를 해대는
살,
사랑

깎으면 깊어질까

저기 어디쯤

속이 아프다

그날 벗어놓은 신발이
어디에 있을지

길을 걷다가
갑자기 신발이 헐거워져
맨발로 걸었다

내 몸에 깃털을 얹어도 버거울 만큼
순간을 견디기 힘들었다

선인장의 가시 또는
선인장 꽃으로 피어 있을

바람 센 날마다 들려오는 저 소리

빈 갈대 울음

어머니의 집

집을 지니고 있으면서도
항상 집이 없었다
돌아가 쉴
마음 편한 집

외할머니 댁 어느 골방
구석에 감춰두었을 것이다

출가외인
빈 가슴엔 언제나
한으로 채워진 허공이 가득했다

마음 둘 곳 없는 집에는
언제나 사람들로 북적였다

가득 찼으나 비어 있는 집
어머니의
집

아버지의 토성

강가에서 모래성을 쌓고
두꺼비집을 만들었다
늦은 저녁에야 집에 왔다

수십 년을 쌓고 버텨온 흙담이 일순간,
물에 젖은 화선지처럼 주저앉았다

믿음에는 많은 언어가 필요하지 않다
바람 불고 비 내려도
묵묵히 한 줌씩 쌓아 올리는 흙

오로지 씨앗을 틔우기 위해
생명을 지키기 위해
시간이 만든 토대

다음날
모래성은 쉬이 무너질지라도

아버지는 강기슭에 성을 쌓고
나는 그 성 앞에 날마다 버티고 섰다

방석 세탁

얌전한
나의 신분 상승
가능할까요

두툼하니 푸근한 내 체온을
온전히 훔쳐간 그녀는
발발거리며 뛰고 물어뜯는
강아지에게 내 몸을 줘 버렸어요

체면이 바닥에 떨어지는 순간,
죽은 체하며 숨을 죽였어요

머리는 산발되고
손과 다리에서 자존심이 삐져나와
얼굴을 내밀고는
틈새로 젤이 새듯 흘러버렸어요

드럼세탁기에 잘 밀어 넣어

깔끔하게
찢긴 살점들을 오므려
바느질하면
신분 세탁 가능할까요

익숙한 풍경

외출에서 돌아와 현관에 섰다
숫자를 생각하지 않아도
손가락은 전자키의 자판을 찾아가고 있다

나이를 먹으면서
몸을 위해 걷는 강변길
왼쪽으로 시작해서 중간 다리를 건너 에스코스로 돌아 다음 다리를 건너 돌아온다
다시 중간 다리를 건너는, 말 그대로 팔자를 걷는다
매일 걷는 팔자,
매일 사는 팔자,
사람의 팔자,
익숙하다

익숙하다는 건
편하다는 것
몸에 밴 습관이나
눈에 익은 형태들

매일 아침에 뜨는 해가
봐 주지 않아도 흘러가는 구름이
있는 줄 모르고 느끼는 바람이
느끼지 못해도 내 몸을 감싸는 공기가
잠들어 있어도 밤하늘을 꾸미다 가는 달과 별이

거기 그 자리에 언제나 그대로 있는 것 혹은 있었던 것
변함이 없는 것

체취

문이 열리다

예상치 못한 문이 열리고
그 문으로 들어왔다

숨 가쁜 고갯마루의 청미래덩굴은
푸르게 반짝였다

살았다 하더라

문이 열리고
눈에 밟히는,
손에서 놓지 못하는 것들이
저마다 분주하였다

바람의 아들인 구름은
자유의 모습을 하고 있었다

이유 없이 거부하고 싶은
한 끼의 식사

엇갈리는 희비였다

용의 알

단물 샘솟는
예천에서 세상의 첫새벽이 열리고
소백을 깔고 앉은 어머니는 남해를 바라보며
너른 치마폭에 용의 알을 품는다
칠월의 태양이 이글이글 알을 굴리면
순도 높은 동살이 푸른 혈맥으로 흘러
알알이 감로 뻗는 몸의 당도가 날마다 새롭다

하늘 높이 푸른 치맛자락에서 살찌는 과육은
세상의 아침을 깨우는 갓밝이의 기운으로 오는데
사랑을 찾아 우주를 가로질러 온
천만 광년 전 가려움이 사과의 고운 볼에 앉으면
나비같이 부끄러운 홍조 진하게 연화로 핀다

삼강 보름달을 건지는
우주의 한가운데서 속부터 익는 것은
먹으면 늙지 않는 사랑이다

오천 년을 달려와 널리 사람을 이롭게 하는
용문 눈부시게 열리는 날
가지마다 달린 용란(龍卵) 실하게 부화하여
사람 사는 고을고을로 옥녀봉의 정기가 날아가고
백두대간을 뒤흔드는 범우리(虎鳴)를 따라
눈부신 은백의 새들
내성천 백사장에 훨훨 내려앉아 역사의 새 터전을 연다

비룡산, 회룡포 발복하는 산천에는 옥수 흐르고
하늘 냇가 여울목에서 붉디붉은 가슴으로 익는
동그란 용의 알, 해마다 더 굵고 달다

방석

호피 무늬 방석을 빨았습니다
중풍 든 아버지가 앉으시던 등받이 앉은뱅이 의자에 깔았던 방석입니다
거죽을 벗겨내고 속의 스펀지도 빨았습니다
찌든 얼룩이 말라 누런 수묵화가 어른어른 펼쳐져 있었습니다
배어든 땀인지, 지린 오줌인지 분간이 안 가지만
부끄러워 숨긴 얼룩의 속이 더 절었습니다
노구의 염치가 숨어들어 몰래 바랜 속자락이 분명합니다
그리운 체취도 거기 어느 구석에 숨어 있었습니다
호랑이도 늙으면 저리 숨길 것이 있었나 봅니다
깔고 앉은 자리에는 무엇이든 잠겨 있나 봅니다
돌아가는 세탁기의 작동이 멈추어도
저 방석 버리지 못할 거란 생각이 듭니다
뽀송뽀송 폭신하게 세탁해 놓은 방석을 보시면
아버지의 이승은 개운하시겠지요

해설

발랄한 상상력과 첨예한 감성

이태수(시인)

ⅰ) 김인숙의 시는 발상과 상상력이 활달하고 발랄하면서도 섬세하고 첨예한 감성과 정치(精緻)한 언어 감각으로 참신하고 세련된 서정을 펼쳐 보인다. 낯설게 하기와 감정이입, 환상과 비약을 통해 빚어지는 풍경들은 은유의 옷을 입으면서 다채롭게 변주되고 내면화되는 매력을 발산한다.

시인의 감각과 감성이 거시적으로 열릴 때도 미시적인 현상들까지 거시적으로 그려지고, 거시적인 현상들마저 미시적인 모습으로 환치(換置)되는 특유의 발상과 상상력은 각별하게 돋보인다. 간결하게 정제된 일련의 시편들도 시적 묘미가 투명하게 반짝일 뿐 아니라 세상 이치와 삶의 예지가 녹아든 잠언(箴言)들을 떠올려 또 다르게 눈길을 끈다.

'집'을 주제로 한 시들은 삶의 보금자리이며 안식처인 집에 대해 다각적으로 성찰하면서 모성 회귀와 귀소 본능에 착안해 정신적인 본향의 참뜻을 일깨우며, 집이 없거나 있어도 본향으로서의 집이 없는 사람이나 사물들에 연민을 끼얹은 휴머니티를 내비쳐 보인다.

자연현상을 바라보면서 자신의 내면으로 시선을 돌리고, 심상(心象) 풍경을 자연이나 사물에 투영하거나 투사하는가 하면, 사람과 사람 사이에서는 삶의 파토스에서 자유롭지 않으면서도 순응과 관용, 상생의 미덕을 보여주는 시편들도 간과할 수 없게 한다.

ii) 집은 생명체의 보금자리이며 안식처다. 움직이며 옮겨 다니는 생명체들은 어김없이 집을 짓고 깃들어 산다. 새 생명체가 이 세상의 빛을 보면서 맨 처음 만나는 세계 또한 집이다. 집에서 삶이 시작될 뿐 아니라 체험과 인간관계도 집에서 이루어지기 시작한다. 집은 몸과 영혼이 동화되게 해 내면성(內面性)을 감싸주는가 하면, 귀소 본능과 정신적 회귀를 추동하는 공간이기도 하다.

시인은 이 사실을 "옮겨 다니는 자는 집을 짓는다/사람도 새도 집을 짓고/하루가 끝나면 거기로 돌아가 쉰다/너구리나 두더지처럼 동굴을 파서 잠자는 동물도 있다/물고기는 한적한 수초나 물때 낀 돌 틈에/하루를 쉴 거처를 정한다"(「풀잎의 집.)고 환기하면서 스스로의 몸을 집으로 내어 주면서도 정작 자신의 집은 짓지 못하고 살아야 하는 풀잎에 각별한 연민을 끼얹는다.

> 풀벌레의 집은 있는데 풀잎의 집은 없다
> 서서 일하고 서서 쉬는
> 풀잎은 참, 서럽다
> 바람에 시달리고 가뭄에 목마를 때
> 피해 가거나 찾아갈 방도가 없고
> 시든 노구를 누일 집이 없다
> 하늘 아래 바람 부는 대로
> 구름이 흐르는 대로
> 그저 선 채로 죽어갈 수밖에 없는 것이다
> ―「풀잎의 집」부분

이 시에서 시인은 집 없이 살다가 죽어갈 수밖에 없는 풀잎에 인격을 부여해 "참, 서럽다"는 표현까지 한다. 이 같은 연민은 사람들을 향해 "가난에 붙들려 발 묶인 이들은/풀잎의 신세"라면서도 "서로가 서로에게 기대는/노숙보다 헐벗은/집 없는 집이 풀잎의 집"(같은 시)이라고 '집 없는 집'에서 살아야 하는 풀잎을 노숙자보다도 서러운 신세라고 본다. 역시 옮겨 다닐 수 없는 식물인 나무에 대해서도 "나무는 선 자리에서 잠이 드는 노숙이어서/바람을 덮으며 등을 붙이면 눕는 자리마다 집"(「집에 간다」)이라고 거의 같은 맥락의 연민을 보낸다.

시 「풀잎의 집」이 보금자리이며 안식처로서의 집을 들여다보는 경우라면, 「집에 간다」와 「어머니의 집」은 정신적인 본향으로서의 집에 대해 한결 깊이 성찰하고 있는 시다. 「집에 간다」는 새끼주머니(집)가 있는 캥거루가 집에 가는 행위를 정신적 본향과 모성 회귀 의식에 녹이고 감싸 복합적으로 떠올리며, 「어머니의 집」은 정신적 본향과 진정한 안식처에 대한 연민에 무게를 싣는다.

> 붉은 캥거루가 집에 간다
> 사막의 끝에서 날이 저물면 집도 집에 간다
>
> 집이 있어 집에 가고 집에 든 채 집에 가고 집이 없어도 집에 간다
>
> 집에는 엄마가 있고 엄마 속에 집이 있고 없는 집에도 엄마는 있다
>
> …(중략)…

엄마는 아무리 멀어도 엄마여서
때가 되면 바람도 집에 가고 안개도 집에 간다

세상 모든 것이 집에서 나와 집에 간다 날이 저물면 껑충껑충 뛰어서 가는

붉은 캥거루의 집에는
붉은 캥거루의
붉은 엄마가 있다

—「집에 간다」부분

캥거루의 새끼주머니에 착안해 집에 대해 다각적인 성찰을 하는 이 시에서는 캥거루가 날이 저물면 어떤 악조건(사막)에서도 집으로 가는 행위를 집(새끼주머니)을 거느리고 집에 가며, 집에 든 채(새끼캥거루) 집에 간다고 그린다. "집이 있어 집에 가고 집에 든 채 집에 가고 집이 없어도 집에 간다"는 대목에서 읽게 되듯이 "집이 없어도 집에 간다"는 구절이 보태져 있는 건 귀소 본능과 모성 회귀 의식의 극대화에 다름 아닙니다.

"집에는 엄마가 있고 엄마 속에 집이 있고 없는 집에도 엄마는 있다"는 구절이 이를 받쳐 주며, "엄마는 아무리 멀어도 엄마여서/때가 되면 바람도 집에 가고 안개도 집에 간다"는

확산과 비약이 이 뉘앙스를 강화해 주기도 한다. 그래서 시인은 "세상 모든 것이 집에서 나와 집에 간다"고 부연하고 있으며, "붉은 캥거루의 집에는/붉은 캥거루의/붉은 엄마가 있다"고 '붉은'이라는 수식을 되풀이하며 강조하는 것 같다.

> 집을 지니고 있으면서도
> 항상 집이 없었다
> 돌아가 쉴
> 마음 편한 집
>
> 외할머니 댁 어느 골방
> 구석에 감춰두었을 것이다
>
> 출가외인
> 빈 가슴엔 언제나
> 한으로 채워진 허공이 가득했다
>
> 마음 둘 곳 없는 집에는
> 언제나 사람들로 북적였다
>
> 가득 찼으나 비어 있는 집
> 어머니의

집

—「어머니의 집」 전문

 순탄한 구문의 이 시는 집이 있어도 "돌아가 쉴/마음 편한 집"이 없는 어머니의 삶에 대한 연민을 곡진하게 떠올린다. 출가외인인 어머니는 언제나 사람들이 북적이는 와중에 살면서 그 빈 가슴의 한(限)으로 채워진 허공 너머의 친정에서 어머니(외할머니)와 한 집에서 살던 골방이 정신적 본향이요 안식처였을 것이므로 시집살이를 해 온 어머니의 집은 언제나 "가득 찼으나 비어 있는 집"이며 항상 집이 없었던 것으로 묘사된다.

 하지만 아버지의 집은 어머니의 집과는 사뭇 대조적이다. 어머니의 역할과 다르게 아버지의 역할은 가정을 지탱하는 바지랑대 같고, 외압을 막아주며, 언제나 중심을 잡아주기 때문일까. 시인은 감탄사까지 동원하며 "흔들려야 다잡는,/그래서 하나가 되는/아, 아버지의 집"(「흔들림 소론(小論)」)이라고 그리고 있기 때문이다.

 iii) 시인의 상상력과 감각이 거시적으로 열릴 때는 미시적인 현상들까지 거시적인 모습으로, 그 반대로 다시 거시적인 현상을 미시적으로 환치하는 분방(奔放)하고 비약적인 발상과 상상력이 첨예하다. 발랄한 언어 감각으로 낯익은 것들을 낯설게 해 신선한 시적 묘미를 돋운다던가, 오래된 기억을 소환해 현실에 투영하는 감성 역시 두드러져 보인다.

살아 있는 생명은 지상에서 연주된다

바람의 손바닥이 타닥타닥 두드리는
파도는 속 깊은 바다의 타악기이다
이슬처럼 손 흔들며 떠나가는 윤슬의 맥놀이는
돌아오지 못할 산맥을 넘는 물의
다비식,
석존의 미소처럼 다가오는 햇살은
나뭇잎 건반을 두드리는 어깨가 새하얀
젊은 피아니스트의 부드러운 손가락이다
밤의 굵은 빗줄기를 가르는 자동차의 전조등은
휘모리 거문고를 뜨겁게 뜯는
홍조 띤 조선 여인의 눈부신 얼굴이다
눈 내린 벌판을 깨우는 바람의 손길은
겨울의 아카펠라,
축복과 사랑이 오르내리는 성당의 계단 옆
아름다운 하강의 묶음을 구불구불 뿌리는
천사의 나팔은 유독성을 가진 꽃관악기이다
찰찰찰, 아가의 오줌 소리처럼

경쾌한 시냇물이

늘어진 버들잎에 부딪는

탬버린, 탬버린

영원한 생명의 스타카토는 맑고 경건하다

사시사철 지상의 연주는 모두가 생생하게 살아 있다
—「지상의 연주 1」 전문

 움직이는 것들의 생동하는 모습을 기악 연주와 연주자에 빗대어 묘사하고 있는 시로 시인이 지닌 특장의 감각과 감성, 발상과 상상력, 의인화 기법 등의 진가를 보여준다. 더구나 이 생동하는 대자연의 연주는 양악과 국악이 어우러진 혼성 교향악과 같을 뿐 아니라 연주와 연주자의 배역도 절묘하게 어우러져 있어 눈길을 끈다.

 바람의 손바닥이 두드리는 깊은 바다의 타악기, 윤슬의 맥놀이는 물의 다비식 모습, 석존(釋尊)의 미소 같은 햇살은 젊은 피아니스트의 부드러운 손가락, 빗길의 자동차 전조등은 휘몰이 거문고를 연주하는 조선 여인의 홍조 띤 얼굴, 눈 내린 벌판을 깨우는 바람의 손길은 겨울의 아카펠라, 성당의 계단 옆에 복음을 전하는 천사의 나팔은 '꽃관악기', 시냇물이 버들잎에 부딪는 탬버린에 비유되고 있으며, 그 영원한 생명의 사계(四季)에 걸친 각양각색의 스타카토는 맑고 경건하다고 예찬한다. 이 묘사는 시인의 '마음의 그림'이기도 하다는 점에서 더욱 아름다워 보인다.

긴 산문시이므로 부분만 인용하지만, 「익숙한 것을 새롭게 보는 방식 1」은 대구의 전철 3호선 무인 전동차 외벽의 전국 취업률 1위의 지방대학 카피(광고)를 보며 신통하고 신기하게 여겼는데 두 달이 지나 보이지 않자 대학은 사람을 잃었다고 마치 처음처럼 안타까워하고 실망하기도 한다. 그 뒤 그 외벽에 색색의 물고기들이 헤엄치는 장면들을 보면서는 다음과 같이 소회를 밝히고 있다.

> 돌고래와 식인 백상아리도 있다 남편이 보낸 카톡에 창유리의 반짝이는 잔영이 묻어 있다 아들이 연상의 여자를 데리고 집으로 오고 있다 아들의 여자는 바가지형이고 남편의 서류 가방엔 개펄의 나선형 진흙이 들어 있다 궁금하다 갑자기 바빠지는 시간 콩나물을 무치고 애호박을 썬다 배달된 바닷가재의 심장에 숨 가쁜 퀵 서비스의 숨결이 섞여 있다 그들에게 건네야 할 말이 선명하게 보인다 문득 나는 싱싱한 처음으로 돌아왔다 새 눈 뜨고 있다
> ―「익숙한 것을 새롭게 보는 방식 1」 부분

시인은 이같이 익숙한 것들에 감정을 이입해 새로운 시각으로 바라보고 있으며, 삶의 파토스들도 적잖이 포개놓는다.

「익숙한 것을 새롭게 보는 방식 2」에서는 오래된 관계는 무덤덤해지고, 언제나 그 자리에 있는 사람을 모를 때가 있으며, "있는 게 없는 게 아닌데/생각하지 않는다고 잊는 게 아닌데/불안해질 때가 있다"며, 눈으로만 보니 그러므로 "저 깊은 아래 우물물을 퍼 올리듯/마음을 끌어 올려 읽어보자/새롭게"라고 일깨우는 데도 이른다.

시인은 「우비」에서 소에게 일을 시킬 때 신기는 짚신인 우비(牛扉)가 야기하는 상상력을 바다에서 인양된 선박에 대입시킨다. "바다를 쓰다듬으며 해류 속의 고기를 낚아 올리던 배 궁핍과 고난과 헌신을 실었던 배 네 척의 배가 침몰한 바다에 커다란 바퀴의 트랙터가 소의 등허리 같은 밭이랑을 돋우고 있다"거나 "굽이 자라지 않는 발을 씻기며/지난 연안을 닦아"낸다고 낯설게 하기로 극도의 비약을 감행한다. 이 시의 마지막 부분에 이르러서는 일하는 소의 모습으로 되돌리는 비약으로도 이어진다.

> 멀리 가는 길
> 상하기 전의 성한 발에
> 오늘은
> 두 켤레의 짚신을 감발하듯 신깁니다
>
> —「우비」 부분

바다에 침몰한 네 척의 배를 인양해 멀리 이동하기 위한 준비작업으로 배 밑부분마다(두 켤레=네 개) 발에 발감개를 해주듯 짚신을 신긴다고 그리고 있다. 어린 시절 농경사회에서의 기억 속에 각인된 체험을 불러와 대입시키는 이 같은 비약적 상상력은 이 시인의 개성을 한결 돋보이게 한다.

온라인상으로 두 사람이 손을 들어 올려 손바닥을 마주치게 하려고 하면서는 "당신은 양각 나는 음각 두 개의 도장이 다가와 서로에게 서로를 찍으면 맞춤같이 찰진 소리가 났지"(「랜선 하이파이브」)라는 기억을 소환하면서 '당신과 나'가 나무로 환치해 "이 나무 저 나무 우듬지의 서로 다른 까치집으로 멀어져서/이제 우리는 손바닥을 부딪는 흉내만 낸다"(같은 시)든가 "어둠의 몸이 가장 두터워지는 동트기 전의 쟁반형 안테나는 은밀한 전파를 우주로 쏘고 가는 전파와 오는 전파가 부딪쳐 비밀의 문이 열리면 무한궤도는 모천으로 회귀"(같은 시)하거나 "원시 지구에 두고 온 찰진 체온의 기억이 허공에 홀로그램으로 뜬다"고도 묘사한다.

> 사철 푸른 생명이 충일하던 소나무의 생애
> 그 장엄한 종지부가 그루터기이다
> …(중략)…
> 높고 꼿꼿하게 하늘을 찌르는 기상에서 빠져나와
> 어둠 깊은 곳으로 내려가 숨 쉬고 있는 솔의 후생,

허공에서 뿌리 끝으로 달려가던 생명이

문득 멈추어 공처럼 부풀며 융합하는 것이 복령이다

신묘한 우주의 기운을 땅속에서 덩어리로 키우는

끝은 끝나도 끝나지 않은 거룩한 목숨이다

…(중략)…

살아 있는 자는 누구든 마침내 끝이 된다

솔뿌리에 엉긴 뿌리, 구름처럼 내려서 피운 버섯

나를 찔러 주기를

나를 거두어 주기를

우리는 모두 빛 속으로 나가 빛이 되기를 소망한다

―「끝」 부분

앞의 시들과는 빛깔과 무늬가 사뭇 다르지만 이 시도 시인의 사생관(死生觀)의 일단을 보여줘 눈여겨 읽게 한다. 이 시에서는 소나무가 생명력이 다하고 남은 그루터기(끝)가 "장엄한 종지부"지만 그 후생(後生)을 어둠 깊은 곳으로 내려가 숨쉬는 갓으로 그리며, 허공에서 뿌리 끝으로 달려가는 소나무의 그루터기에 기생하는 복령(茯苓)과 융합함으로써 거룩하게 영생(永生)하는 모습으로 승화시키고 있다.

또한 후반부에서는 시선을 내부(내면)로 돌려 우리 모두의 목숨이 거두어지더라도 "빛 속으로 나가 빛이 되기를 소망한다"는 기구를 내비치는 건 이 시인의 삶에 대한 나름의 관점이라는 시사(示唆)로도 읽힌다.

iv) 간결하게 정제된 일련의 시편에서는 시인의 감성과 감각이 투명하게 반짝이며, 세상 이치와 삶의 예지를 다채롭게 담고 있는 구문들은 잠언(箴言)들로 보이게도 한다. 내와 강이 만나는 곳에서 "치어는 민첩한 물살을 만들며/윤슬 같은 비늘을 반짝이는데/늙은 물고기들은 지친 몸을 이끌고/거기까지 와서 숨을 거두"(「새물내」)는 모습을 보면서 마치 빨래해서 갓 입은 옷에서 나는 냄새를 연상하는 감성은 투명하게 반짝이는 윤슬 같으면서도 세상 이치를 바라보는 예지를 엿보게 한다. 물맛(물내)을 형상화한 「물내」도 거의 같은 느낌을 안겨 준다.

> 나무는 뿌리로 냄새를 맡는다
> 뿌리를 뻗어
> 가지를 올리고 잎을 단다
> 푸른 피를 찾아 발가락을 꼼지락거리는
> 나무의 낮은 코가 찾아가는
> 생명의 아득한 근원,
> 잠들면서도 손 더듬는
> 젖내 같은 물내
> ―「물내」 전문

나무와 사람의 성장 과정을 시인 특유의 시각으로 그린 이 시는 나무는 뿌리로 냄새를 맡으며 뿌리를 뻗어 푸른 피(생명력)를 길어 올리면서 자라난다고 그린다. 나무의 낮은 코가 생명의 근원을 찾아가듯이 화자(사람)도 "젖내 같은 물내"를 잠결에도 더듬어 찾는다고 생명의 근원인 물과 그 맛을 맛깔스럽게 떠올려 보인다.

시인의 이 같은 감성은 참빗으로 머리칼을 빗는 걸 "악세게 훑어 내려/한 방향으로만 가지런히/줄 세우며/고개 드는 것은 솎아내는 일"(「참빗질」)이며 "외눈박이 망령이 돌아와/좍좍 마당을 쓸고 있는/저, 혹독한 일사불란"(같은 시)으로 비약하는 상상력도 반짝인다. 여름철 옷감인 모시의 속성을 그린 「모시」는 소통, 결기, 꼿꼿한 자존심, 하늘로까지 접맥시켜 성찰한다.

> 소통이란 결기를 꼬장꼬장 세워야 통하는 길
> 훨훨 나르며 반만년을 지켜온 할아버지의
> 젖지 않아 꼿꼿한 자존심
> 푸르다 못해 기어코 창백한 안색,
> 하늘이란 바로 그런 거지
>
> ―「모시」 부분

'모시=선조들의 꼿꼿한 자존심=하늘'이라는 등식을 보여주는 이 시는 꼬장꼬장한 결기가 소통의 길을 열어준다는 사실을 모시옷의 속성과 연계시켜 환기하고 있다. 한편 이와는 다소 대조적으로 「새싹」은 봄과 바람이 맞서지 않고 맞이하는 상생의 미덕을 떠올리며 "움,/돋아나는 계절은 강하다"고 부드러움의 힘에 방점을 찍고 있다. 또한 나아가 세상의 침묵이 거느리는 따뜻함을 받들어 노래하기도 한다.

> 덩그렇게 올라앉은 본존불이 말없이 미소 짓는다
> 침묵으로 불타는
> 태양의 멀고 먼 거리는 불길이다
> 세상을 환하게 밝히며 웃고 있는
> 꽃들은 말하지 않지만
> 조용하게 주변을 덥힌다
> 아버지가 누워 있는 겨울 봉분에서는
> 김이 올라 눈이 녹고 있다
> 이 산 저 산이 마주 앉아 제자리를 지키는
> 세상의
> 침묵이 따뜻하다
> ―「따뜻한 침묵」 전문

본존불(本尊佛)의 미소, 불타는 태양, 환한 꽃, 아버지의 봉분(封墳), 마주 앉은 산들을 키워드로 침묵으로 제자리를 지키는 것들이 세상을 따뜻하게 해준다고 일깨운다. 어둠도 눈에 익고, 가난도 품에 들이며, 외로움도 익숙해지면 그 반대로 자리바꿈을 한다는 논리를 펴는 「환한 어둠」도 참음과 견딤의 미덕을 제시하며 "길 따라/눈물 맺히는 아름다운 순간의/저, 환한 어둠"이라는 경지를 보여준다. 이 같은 시인의 예지는 다양한 빛깔과 무늬의 잠언들을 낳는다.

> 머물면서 흐르는 우리들의 섬
> ―「떠도는 섬」 부분

> 생명은 위로 오르는 물의 춤
> ―「봄결」 부분

> 스미듯이 젖듯이
> 조금씩 달아올라야 홍조가 된다
> 세상에서 가장 부드러운 손길은
> 없는 듯이 있는 너의 숨결이다
> ―「물감」 부분

> 봄이 있는 한, 꽃은 져도
> 그리움으로 남는다

눈물도 피어나면 꽃이 된다
―「꽃과 봄의 사이」 부분

푸르다
넘어져도 일어선다
죽어도 살아 있다

물살에도 뿌리내려
우주를 버티는
가장 낮은 힘이다
―「풀」 전문

ⅴ) 시인은 자연과 더불어 살고, 사람과 사람 사이에서 살아가야 한다. 자연현상을 바라보고 들여다보면서 자신을 돌아보기도 하고, 자신의 생각과 느낌들을 자연이나 사물들에 투영하거나 투사하기도 한다. 언제나 대상과 마주치면 민감하게 감각과 감성이 열리게 마련이며, 이와 연계된 느낌들과 사유에 날개가 돋아나기 때문일 것이다.

수양버들을 보면서 시인은 뿌리가 땅을 품어 떠받치며 허공을 지탱하고, 악마가 거꾸로 심었다는 바오바브나무가 물구나무서 있는 모습을 보면서는 더 이상 품을 땅이 없다는 걸 느낀다. "중심이 무너지면 세상이 무너지는데/나무의 중심은 허공이 아니지/파고드는 어미 품에 중심은 숨어 있지"(「나무의 중심은」)라는 생각에 닿는가 하면, 「등꽃」에서와 같이 오월 한낮의 등꽃을 바라보면서는 "허기진 보랏빛"에 현기증을 앓게 되고, 돌고 있는 팽이와 마주쳤을 때는 중심을 잡아 평형을 유지하며 살아 있게 하는 기울기를 떠올리게 된다.

> 경사면의 저쪽은 미끄러지고
> 이쪽은 급전직하, 떨어지기 쉬운 형국의 허공
>
> 머리 위의 몽고반점이 원을 그리며 돈다
> 태양이 움직인 거리가 붉은 반나절이다
>
> …(중략)…
>
> 기울기가 누우면 떠날 때가 된 것이다
>
> 미끄러지거나 떨어질, 생, 명, 하나
> 팽이 위에서 서쪽을 향해 누워 있다
> 한때 푸르던 크레용 부스러기 따라 눕는다
>
> 지구가 돈다
> ―「팽이의 기울기」 부분

기울기 때문에 팽이가 도는 원리를 들여다보면서 지구가 돈다는 사실에 나아가고 있는 시인은 「출렁거리는 절벽」에서와 같이 절벽에 올라서는 "이 높은 산에서 나는 아찔하고/저리 낮은 강에서 당신은 아득하다"고 '나'와 '당신'의 먼 거리감을 떠올리며 "세상의 절벽은 출렁거리며 우리를 추락시킨다"는 인식과 그 반대의 수직 방향으로 "새가 날면/하늘이 멀고 푸른 이치를 알 수 있다"는 깨달음에도 이른다.

흐른다

날아간다

쏟아진다

참 가지런하다
—「물살, 화살, 햇살 1」 전문

나는 이제
여기서 저기로 내달아, 돌아오지 않는 바람의 일생을
'살'이라고 부른다
—「물살, 화살, 햇살 2」 부분

세상이 끊임없이 돌아가는 것을 물살처럼 흐르고, 화살처럼 날아가며, 햇살처럼 쏟아진다고 하면서도 그 현상을 "참 가지런하다"고 질서정연한 세상 이치로 받아들이는 한편 그 연장선상에서 돌아오지 않는 바람의 일생을 "살"이라고 명명한다. 이는 '바람=물살, 화살, 햇살'이라는 등식 때문임은 말할 나위가 없다.

시인이 가지런하다고 보는 세상 이치와 그 순리는 "바람은 바람의 길이 있고/강물도 새도 그들의 길이 있"(「바람과 강과 새」)지만, "새는 죽어서 바람이 되고 싶었다/강물은 새가 되어 날고 싶었다"(같은 시)고 그 숙명의 길을 벗어나고 싶어 하는 소망인 '자유'를 '허공'으로 규정하고 있다.

하지만 사람과 사람 사이에서는 "나는 너의 생각을 모르고/너는 나의 마음을 모르"(「나무는 나무의 몸을 모르고」)는 관계에 놓이기도 하고, 소중한 것은 보이지 않아 "누워도 서도/오직 새로운 길만 있을 뿐"(「모서리에 기댄 사람들」)이라는 막막한 심중을 내비치기도 한다.

더구나 "밝은 대낮/길을 가다 작은 웅덩이에/발이 빠"지고 "나는 맹인"(「물웅덩이」)이라는 절규에 빠지기도 하는데, "좌절하고 분노하는/여리고 약한 사람이 역사를 끌고 간다/힘겨워서 위대하다"(「클라우드」)고도 역설하는 건 '왜'일까. 인터넷에서 모든 가상화 서비스가 이뤄지듯 이 미궁(迷宮) 같은 세상의 힘겨운 현실에서도 그런 실현이 가능하다는 역설일까.

   시인에게는 양면적이지만 현실이 아픔에서 자유롭지는 않은 곳이면서도 한편으로는 길들어지고 익숙해져 편한 곳으로도 여기고 있다.

   속이 아프다

   그날 벗어놓은 신발이
   어디에 있을지

   길을 걷다가
   갑자기 신발이 헐거워져
   맨발로 걸었다

   내 몸에 깃털을 얹어도 버거울 만큼
   순간을 견디기 힘들었다

   선인장의 가시 또는
   선인장 꽃으로 피어 있을

   바람 센 날마다 들려오는 저 소리

빈 갈대 울음

―「저기 어디쯤」 전문

  속(마음)이 아프기 때문이겠지만, "빈 갈대 울음"이 바람 센 날마다 "선인장의 가시 또는/선인장 꽃"이 떠오르듯 들려오고, 몸에 가벼운 깃털을 얹어도 버거울 만큼 견디기 힘든 순간이어서 맨발로 걸었지만, 헐거워져 벗어버렸던 신발의 행방을 궁금해하는 게 이 시인이 처한 현실의 한 단면이기도 한 것으로 보인다.

  그러나 「익숙한 풍경」에서 묘사하고 있듯이, 외출에서 돌아와 현관 전자키 자판을 무의식중에 손가락이 찾게 되거나 강변 산책 때 다리를 건넜다 돌아오는 것도 팔자로 걷는 게 습관화돼 '매일 걷는 팔자=매일 사는 팔자'로 익숙해진 "사람의 팔자"로 여길 정도로 현실에 익숙해져 편하다고도 한다.

  또한 「격자무늬 창」에서 그리듯 "따닥따닥 정돈된/하루의 창//지나온/사랑, 추억, 질투, 분노/사람, 사람, 사람 한 칸//저쪽과 이쪽의 사이/통하지 않고 들앉은/내 집//견고한/나의 격자무늬 보관함"이라고 노래하는 것 역시 같은 맥락으로 읽힌다.

  다시,

날개는 땅 위의 발소리가 아니어서
하늘을 날 수 있고
지느러미는 두려움의 단위가 아니어서
바다를 건널 수 있고

보리누름에 혼자 냉골에 누웠다
아팠다
날개도 지느러미도 없어
많이 아팠다

마음엔 마음이 약이다

겨우내 잿빛이던 산벚나무도
여린 눈, 뜬다

봄

—「다시 봄」 전문

시인은 봄을 맞으면서는 겨우내 잿빛이던 산벚나무도 새 잎을 내미는 걸 목도하면서 아팠던 마음에 마음의 약인 마음을 들이면서 날개도 지느러미도 없이 하늘을 날고 바다를 건너는 환상에 젖는다. 이같이 아릿한 환상은 마음의 빈 들판에 흩날리며 내리는 봄눈을 지난겨울의 '눈과 얼음꽃'(당신)이 "저만치 가면서 돌아보는/분분한 당신 눈길"(「봄눈」)로 보게도 하는 것 같다. 그뿐 아니라 봄에는 예상치 못한 푸른 반짝임과도 조우한다.

> 예상치 못한 문이 열리고
> 그 문으로 들어왔다
>
> 숨 가쁜 고갯마루의 청미래덩굴은
> 푸르게 반짝였다
>
> …(중략)…
>
> 바람의 아들인 구름은
> 자유의 모습을 하고 있었다
>
> 이유 없이 거부하고 싶은
> 한 끼의 식사
>
> ―「문이 열리다」 부분

이 봄의 정황은 멀리 보이는 청미래덩굴이 푸르게 반짝이고 구름이 자유의 모습이어서 한 끼의 식사를 이유 없이 거부하고 싶게도 한다. 이 마음자리에는 "창문을 연다/비가 좀 뿌리면 어때/닦으면 되는 것을/커튼이 젖거나/거실의 카펫이 젖으면 어떤가/때가 되면 다 마르는 것을"(「지금은 창문을 열어야 할 시간」)이라는 관용(마음의 여유)이 있기 때문이며, 같은 시에서 묘사되는 바와 같이, 작은 싹들의 함성이 창을 두드리고, 봄비의 순한 몸짓들이 간절한 글씨를 지상의 바탕체로 쓰고 있기 때문이기도 할 것이다.

문학의전당 시인선 367

익숙한 것을 새롭게 보는 방식

ⓒ 김인숙

초판 1쇄 인쇄	2023년 9월 7일
초판 1쇄 발행	2023년 9월 14일
지은이	김인숙
펴낸이	고영
디자인	헤이존
펴낸곳	문학의전당
출판등록	제448-251002012000043호
주소	충북 단양군 적성면 도곡파랑로 178
전화	043-421-1977
전자우편	sbpoem@naver.com

ISBN 979-11-5896-608-9 03810

*이 책의 판권은 지은이와 문학의전당에 있습니다.
*양측의 서면 동의 없는 무단 전재 및 복제를 금합니다.
*잘못 만들어진 책은 바꿔드립니다.